Erfolgreich selbstständig

Bernd Paul

Erfolgreich selbstständig

Gründung – Werbung – Unternehmensführung

Bibliografische Information der Deutschen Nationalbibliothek
Die Deutsche Nationalbibliothek verzeichnet diese Publikation in der Deutschen
Nationalbibliografie; detaillierte bibliografische Daten sind im Internet über
http://dnb.d-nb.de abrufbar.

© 2006 Bernd Paul
Satz, Umschlagdesign, Herstellung und Verlag: Books on Demand GmbH,
Norderstedt
ISBN 10: 3-8334-5280-3
ISBN 13: 978-3-8334-5280-2

Inhalt

Vorwort

Wenn es stimmt, dass in diesem Land alle Aufschwung und Wirtschaftswachstum wollen, dann ist es endlich an der Zeit, etwas zu
tun, einen neuen Anfang zu wagen. Und zwar alle – Staat, Banken,
Unternehmer und Arbeitnehmer.
Neues Denken, neue Wege, vorhandene Möglichkeiten ergreifen
und gemeinsam handeln.
Nur, wer fängt damit an und wann …
Die dringend benötigten Existenzgründer und Selbstständigen je-
denfalls werden meist alleine gelassen und mit vielen Hindernissen
konfrontiert. Sie werden, wenn überhaupt, oft schlecht beraten,
ja teilweise sogar schamlos ausgenommen.
Nachfolgendes soll helfen, warnen und aufzeigen, wie z. B. die
Werbung aussehen sollte und effizient eingesetzt werden kann.
Denn der Werbeetat allein ist nicht immer maßgebend.

Die Gründung

Existenzgründungen sind extrem notwendig für Deutschland. Existenzgründungen sind extrem schwierig in Deutschland.

Ein Gegensatz, weil Politiker anscheinend immer noch nicht verstanden haben, woher die Steuergelder kommen, die sie so großzügig verschleudern, und woher der wirtschaftliche Aufschwung nur kommen kann.

Politiker sind leider und glücklicherweise keine Unternehmer. Sie erhalten fürstliche Diäten und Pensionen und können sich auch nicht nur annähernd vorstellen, wie schwierig es sein kann, sich als Selbstständiger sein Auskommen verdienen zu müssen.

Politiker hätten mit Sicherheit schon Probleme, einen Zeitungskiosk erfolgreich zu führen.

Genauso wie sie bis heute nicht verstanden haben, wer in Deutschland die meisten Arbeitsplätze stellt und schafft. Der Mittelstand nämlich.

Deshalb auch keine Spur von mittelstandsfördernder Politik.

Stattdessen werden Großunternehmen auf Kosten der Steuerzahler subventioniert. Zum Dank versteuern diese ihren Gewinn im Ausland und schreiben hier in Deutschland gar ihre Verluste ab.

Trotzdem sind viele Menschen dennoch bereit, sich selbstständig zu machen und die großen Risiken einer Existenzgründung auf sich zu nehmen. Leute, die Mut und Entschlossenheit besitzen und über ein enormes Durchhaltevermögen verfügen, um ihre Ziele zu erreichen.

Leute, die Visionen haben und es verstehen, ihre Ideen in die Praxis umzusetzen, um sich damit ihr eigenes Unternehmen aufzubauen.

Freilich gilt es, vorher ganz genau Pro und Kontra abzuwägen: Da ist als Erstes die familiäre Situation. Ist man allein stehend oder muss man eine Familie ernähren? Muss man vielleicht einen gut bezahlten oder sicheren Job kündigen, um die Neugründung in Angriff zu nehmen, oder lässt sich diese im Idealfall anfangs nebenher bewerkstelligen?

Und was passiert, wenn es nicht klappt mit der neuen Firma? Kann man in den alten Job zurück oder sich anderweitig ein Hintertürchen offen halten?

Wichtige Fragen, schwere Entscheidungen.

Hut ab vor denen, die den Sprung ins kalte Wasser trotzdem wagen.

Vielleicht kann ihnen das nachfolgend Aufgezählte ein kleines Stück weiterhelfen.

Finanzierungen für Existenzgründer

Davon ausgehend, dass wohl die wenigsten Existenzgründer über ausreichend finanzielle Mittel verfügen, um auf eine Darlehensaufnahme verzichten zu können, haben also die meisten von ihnen die schwere Aufgabe vor sich, nach einer passenden Finanzierung für ihre Idee suchen zu müssen.

Die Art und die Höhe einer Existenzgründer-Finanzierung spielen eine entscheidende Rolle für das Gründungsvorhaben.

Kompromisse sind hier fehl am Platz. Alles muss stimmen, um spätere Miseren von vornherein ausschließen zu können.

Ausdauer und Hartnäckigkeit sind hier gefragt und dienen als Feuerprobe für alles, was später noch auf den Jungunternehmer zukommt.

Besteht er diesen ersten Kampf mit Bravour, so kann ihn auch danach nichts so schnell aus der Fassung bringen.

Die Höhe der erforderlichen Finanzierungssumme

Die Höhe der erforderlichen **Gesamtfinanzierung** sollte alle für die Geschäftsgründung notwendigen finanziellen Mittel einschließen.

Da wären z. B. die Aufwendungen, die direkt während der Gründungsphase anfallen, wie z. B. Material, Einrichtungen Fahrzeuge, Gebühren oder weitere Entwicklungskosten.

Weiterhin müssen alle Kosten der ersten 6 Monate mitfinanziert werden, weil in diesem Zeitraum in der Regel noch keine großen Umsätze gemacht werden (können). Anfallen werden hier z. B. Werbemaßnahmen, evtl. Löhne und Gehälter, laufende Verwaltungskosten und die Kosten der Anfangsfehler, die unweigerlich gemacht werden. Auch Mieten und die Kosten für den Vertrieb müssen einbezogen werden.

Auch das spätere Steueraufkommen darf nicht unterschätzt werden. Für viele neu gegründete Unternehmer bedeutete schon der erste Einkommensteuerbescheid das Aus.

Durchhalteparolen wie »Es wird schon irgendwie gehen« funktionieren hier meist nicht, denn zu knapp ausgelegte Finanzierungspläne werden dem neuen Unternehmen schwer zusetzen, bis hin zur Aufgabe des mit Elan aufgebauten und mit großen Hoffnungen verbundenen Vorhabens.

Denn finanzielle Probleme und die daraus resultierenden psychischen Belastungen hindern daran, sich richtig um das neue Unternehmen kümmern zu können.

Das krampfhafte Suchen nach Einsparungsmöglichkeiten nimmt dann bald mehr Zeit in Anspruch als die wichtigeren Dinge, die es im Unternehmen eigentlich zu tun gäbe.

Inspiration geht verloren, es wird plötzlich alles in einem anderen Licht gesehen.

Man wird ungeduldig, ist unkonzentriert, unfreundlich, verkrampft, man verliert das Vertrauen in sich und seine Arbeit und gibt vielleicht viel zu früh wieder auf.

In der Höhe nicht ausreichend finanzierte Existenzgründungen sind von Anfang an zum Scheitern verurteilt.

Entwicklung Umsetzung
Kosten der Gründungsphase
Alle Kosten der ersten 6 Monate
Kosten für Weiterentwicklung oder Veränderungen
Vertrieb

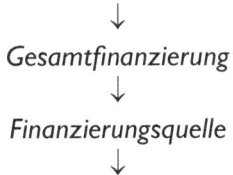

↓

Gesamtfinanzierung
↓
Finanzierungsquelle
↓

Bank, Freier Markt, Öffentl. Fördermittel, Teilhaber/Investor

Finanzierungsquelle Banken

Gleich vorweg:
Ohne Eigenkapital oder entsprechende Sicherheiten ist es sehr schwer, eine Bank als Geldgeber für eine Existenzgründung zu gewinnen.

Großbanken scheiden von vornherein aus, weil sie sowieso nur an großen Unternehmen als Kunden interessiert sind. Lieber ein großer Kunde als viele kleine. Das spart Zeit und Arbeit.

Am geeignetsten sind die kleineren örtlichen Banken, wie etwa Volksbanken oder Sparkassen.
Sie stehen noch in direktem Bezug zu dem jeweiligen Ort, an dem sie ansässig sind, und sehen es gerne, dort möglichst viel zu finanzieren. So gewinnen sie Einfluss und Mitsprache.

Die Chancen stehen hier auch gut, bei eventuellen Verhandlungen ziemlich weit »oben« zu landen und nicht etwa bei einem ängstlichen Sachbearbeiter in einer Großbank.

Gut dargestellte Ideen und Konzepte können so durchaus Anklang finden.
Zwingend notwendig ist ein entsprechender **Geschäftsplan**.

Die Höhe der beantragten Finanzierung ist oft der schwierigste Teil überhaupt bei der Verhandlung mit der Bank. Der Banker will Sicherheiten; wenn er die nicht bekommt, darüber hinaus aber trotzdem zu einer Finanzierung zur Verwirklchung des Vorhabens bereit wäre, wird er natürlich versuchen, den Darlehensbetrag so klein wie möglich zu halten.
Schließlich muss er dafür geradestehen. Unc die Bereitschaft, hier ein Risiko einzugehen, schwindet immer mehr.

Der Stellenabbau im Bankgewerbe ist der ganzen Sache sicher auch nicht förderlich.
Und: Banker sind keine Unternehmer, sie denken ganz anders.

Menschliche Dinge spielen bei der Vergabe auch eine nicht zu unterschätzende Rolle.
Sympathie, Neid auf die Idee des Antragstellers und dessen Möglichkeiten und eventuelle Einkommenschancen, mangelndes Vertrauen, das Auftreten u. v. m.

Der Banker sollte sich auch gut in der Wirtschaft auskennen, um das Vorhaben überhaupt richtig einschätzen und beurteilen zu können, damit er dieses nicht aus Gründen der Unwissenheit ablehnt.
Hiergegen kann man als Kunde wenig machen. Auch wenn man merkt, dass der, der einem gegenübersitzt, nicht die notwendige Ahnung von der Sache hat, dann kann man wohl kaum nach einem anderen verlangen. Dann hätte sich die Angelegenheit mit Sicherheit sofort erledigt.

Was aber Hoffnung macht:
Banker sind auch Verkäufer, die Umsatz machen müssen. Innerer

Wettbewerb hat schon zu manchen Zusagen geführt, die unter anderen Umständen nie genehmigt worden wären. Vor allem am Jahresende.

Ein heutiges Unternehmen mit 1000 Beschäftigten oder ein mit der gleichen Idee abgelehnter Existenzgründer. Beide hatten vielleicht nur verschiedene Bearbeiter in der gleichen Bank.

Finanzierungsquelle Freier Markt

Aufgemacht mit teilweise großen Inseraten in renommierten Tages- oder Wochenzeitungen, zielen windige Vermittler genau in die Richtung verwundbarer, gefrusteter und bereits bei anderen Instituten mehrfach abgelehnter Menschen.

Sie haben nichts anderes im Sinn, als durch Provisionen und Vermittlungsgebühren, die natürlich schon vorher anfallen, das schnelle Geld zu machen.
Die Vorhaben und Ziele eines Existenzgründers interessieren diese Leute nicht im Geringsten.

So als sei alles überhaupt kein Problem, werden Kredite ohne Sicherheiten in großzügiger Höhe in Aussicht gestellt.

Es werden Auslandskredite angeboten. Warum sollte eine ausländische Bank das tun?

Gelder privater Investoren werden angepriesen. Sollte dies in der Vergangenheit vielleicht das eine oder andere Mal auch funktioniert haben, es stellt sich dennoch die gleiche Frage: Warum sollte jemand dies tun?
Um Geld zu waschen, um anderen eine Idee zu klauen und dann selbst die Regie zu übernehmen, wenn man dem Existenzgründer

den Geldhahn vorzeitig zudreht oder das Darlehen einfach wieder kündigt?

Sogar zins- und tilgungsfreie Darlehen werden angeboten. Die doppelte Menge der eigentlich benötigten Gelder wird versprochen, die eine Hälfte soll ausbezahlt werden, die andere soll angelegt werden und somit Zins und Tilgung erwirtschaften. Auch hier: Wer sollte so etwas tun, anstatt doch lieber gleich die ganze Summe anzulegen, was wahrscheinlich der sicherere Weg wäre?

Eine weitere Methode ist die Finanzierung über Immobilien. Hier wird eine Immobilie beim Kauf überfinanziert und ein gewisser Anteil, z. B. 10 %, nach Abwicklung ausbezahlt.

Der Haken an der Sache ist, dass die Immobilien oft nicht einmal die Hälfte dessen wert sind, wofür sie gekauft und finanziert wurden. Außerdem stellen sie sich hinterher meist als unverkäuflich heraus.

Banken prüfen nämlich nicht den Wert eines Objektes, sondern lassen sich von Vermittlern blenden, um große Provisionen abzukassieren. Der finanzierte Kunde rennt direkt ins Unglück.

Hände weg von derartigen Finanzierungen, niemals etwas im Voraus bezahlen, auch wenn einem die Sache schmackhaft gemacht wird!

Die Devise heißt: Alles genau überlegen, hinterfragen, Erkundigungen einholen und glaubhafte Referenzen zeigen lassen. Besteht auch nur der kleinste Zweifel oder die kleinste Unstimmigkeit – bleiben lassen.

Eine große Hilfe, um nicht in solche Fallen zu geraten, wäre, wenn Zeitungsverlage solche Inserate ablehnen würden. Aber fragen die überhaupt nach Seriosität?

Nein, denn Inserate bringen Geld und die Anzeigenabteilung muss Umsatz machen und wird daran gemessen.

Gelder vom Freien Markt –
meist undurchsichtig, teuer und gefährlich.

Finanzierungsquelle Öffentliche Gelder

Eigentlich müsste der Staat dasselbe Interesse an Existenzgründungen haben wie die Gründer selbst.

Schließlich sind und bleiben Existenzgründungen die einzige Möglichkeit, um Arbeitsplätze und wirtschaftlichen Aufschwung zu schaffen.

Großunternehmen schaffen heutzutage keine Arbeitsplätze mehr in Deutschland. Sie bauen sie ab und/oder verlegen sie ins Ausland, wofür sie teilweise sogar noch Fördermittel erhalten.

Bei diesem anhaltenden Desinteresse bzw. Nichtverstehen ist es also kein Wunder, dass es um die öffentlichen Fördermittel nicht sehr gut steht.
Es wird zwar immer wieder viel darüber geredet und in Aussicht gestellt, aber sie letztendlich wirklich zu bekommen ist sehr schwer.

Der häufigste Grund hierfür ist:

Fördermittel können nur über die Hausbank beantragt werden.
Und für alle, die irgendwann einmal ein Problem mit ihrer Bank hatten, ist das Thema öffentliche Fördermittel bereits schon in diesem Stadium erledigt.

Und auch hier spielen wieder die menschlichen Dinge eine Rolle, und der Banker muss ebenso für die Finanzierung geradestehen, wie wenn sie seine Bank selbst vorgenommen hätte.

Sollte also die Hausbank die Finanzierung selbst abgelehnt haben, erfolgt auch keine Weiterleitung für die Beantragung öffentlicher Fördermittel.

Sicher, man kann jetzt versuchen, die Hausbank zu wechseln, doch dieser Versuch wird auch nicht den gewünschten Erfolg bringen, denn Neukunden werden generell auch nicht weitergeleitet. Außerdem wird dem Existenzgründer/Neukunden natürlich unterstellt, nur gekommen zu sein, weil die bisherige Hausbank die Weiterleitung auch abgelehnt hat. Aus welchen Gründen auch immer.

Damit ist eine objektive Partnerschaft zwischen Kunde und Bank nicht möglich.

Wie so oft, wäre hier die Politik gefordert. Mit Bürgschaften, zinslosen Krediten, Steuerbefreiungen und Entbürokratisierung. Der Staat investiert lieber weiterhin in Arbeitslose und Sozialhilfeempfänger und jammert weiter, wenn die von vornherein wieder einmal zu hoch angesetzten Wachstumsprognosen nicht verwirklicht werden. Die Folge sind Steuerausfälle und Steuererhöhungen, die die Kaufkraft und damit die Konjunktur noch mehr bremsen. Unternehmen melden Konkurs an oder verlegen ins Ausland. Und Firmen-Neugründungen können unter diesen Voraussetzungen nur einen Bruchteil dessen auffangen oder wettmachen.

Öffentliche Fördermittel haben nicht einmal diesen Namen verdient.

Finanzierungsquelle Teilhaber/Investor

Sollte es tatsächlich gelingen, einen Investor für das Gründungsvorhaben zu gewinnen, so sind auch in diesem Fall einige Dinge
zu beachten und Fragen zu stellen:

Warum tut er das, strebt er wirklich eine faire Partnerschaft an
oder möchte er nur die Idee übernehmen?

Wo kommt das Geld her, das er investiert?

Kann sich eine beidseitige Vertrauensbasis ergeben?

Können die Finanzen, die Gesellschaftsform, die Kompetenzen und
die prozentuale Aufteilung geregelt werden?

Kann der Teilhaber das investierte Geld zurückfordern? Wenn ja,
was passiert in diesem Fall mit dem Unternehmen?

Tipp:
Auch wenn ein Investor gefunden ist, nicht blindlings ins Verderben
rennen. Erkundigungen einholen und alles genau überlegen und
prüfen.
Und keine Verträge unterschreiben, die eine finanzielle Belastung
bedeuten, z. B. Mietverträge, bevor das Geld wirklich verfügbar
ist. Schwätzer und Hochstapler, die überhaupt kein Geld haben
und sich nur wichtig machen wollen, gibt es genug.

Private Investoren – eine Alternative, nicht mehr und nicht weniger.

Der Geschäftsplan

Vor dem Gang zur Bank bzw. dem ersten persönlichen Besprechungstermin mit einem Bankmitarbeiter ist es absolut notwendig, einen inhaltlich perfekt ausgearbeiteten und professionellen Geschäftsplan zu erstellen, um diesen vorlegen zu können. Kein Banker macht sich die Mühe, diese Informationen selbst zu besorgen. Nachfolgend sind die 12 Punkte aufgelistet, die der Geschäftsplan auf jeden Fall enthalten sollte.

Der Geschäftsplan muss schlüssig und informativ dargestellt werden. Sauber in der Aufmachung, denn er wandert durch viele Hände von Bankern, zu denen man keinen persönlichen Kontakt hat und die sich ausschließlich anhand dieses Geschäftsplans ein Bild machen müssen. Je besser das ist, umso größer die Chancen.

Übertreibungen sollten ebenso vermieden werden wie falsche Bescheidenheit. Die Aufstellung des Finanzbedarfs muss nachvollziehbar sein, der Banker darf nicht das Gefühl haben, dass die beantragte Summe zu niedrig angesetzt ist, weil er dann befürchtet, eventuell nachfinanzieren zu müssen. Oder er rechnet selbst hoch und kommt dann auf eine zu hohe Zahl, die er dann vielleicht ablehnt.

Wer den Finanzbedarf zu hoch ansetzt, verliert von vornherein. In diesem Fall fühlt sich der Banker getäuscht.

Was die Aussichten und Umsatzerwartungen anbetrifft, so ist es auch hier ratsam, vom Minimum auszugehen. Wenn sich die Sache schon hier rechnet, umso besser. Von Anfang an gleich von den Maximumzahlen auszugehen, hört sich zwar toll an, ist aber falsch. Der Banker wird hier alle möglichen eventuellen Ausgaben und Kosten selbst in Abzug bringen.

Und wahrscheinlich sogar in einer Höhe, wie sie tatsächlich vielleicht nie entstanden wäre.

Es stellt in der Regel auch kein Problem dar, wenn z. B. in den ersten beiden Jahren Verlust erwartet wird, wenn klar ersichtlich ist, dass es danach nach oben gehen wird.

Alle Punkte müssen nachvollziehbar und ehrlich dargestellt sein, damit sich die Gründer bestmöglich verkaufen können.

Vor allem sind die Menschen wichtig, die hinter einer Idee stehen.
Sind sie gut, werden sie es immer schaffen, eine Firma auch mal aus einer schlechten Lage herauszuführen.
Sind sie schlecht, werden sie es nicht schaffen, selbst das beste Geschäft zum Erfolg zu führen.

Die 12 Punkte, die jeder Geschäftsplan enthalten muss:

1. Wer sind die Gründer?
2. Welche Ausbildungen und Erfahrungen haben sie?
3. Welche Philosophie verfolgen sie?
4. Was und wo soll gegründet und vertrieben werden?
   Standortwahl, Produktbeschreibung
5. Wie sehen die *Markt*chancen aus?
6. Wie ist die *Konkurrenz*situation?
7. Wurden *Analysen,* Umfragen, Probeläufe durchgeführt?
8. Welche Maßnahmen sind für die Gründungsphase geplant?
9. Welche anderen Leute sollen mit ins Boot geholt werden?
10. Welche Ziele sollen erreicht werden?
11. Aufstellung des Finanzbedarfs
12. Schätzung der zu erwartenden Umsätze in den Jahren 1 bis 5

Marktkenntnis

Marktanalyse		Marktbeobachtung
Bedarf *Einwohner, Einkommen,* *Nachfrage, Aufgeschlossenheit* *gegenüber neuen Produkten*		
↓	→	**Auf welche Größen ist** **Konkurrenz ausgerichtet?**
Preisgestaltung *Welcher Preis ist durchsetz-* *bar, welcher Preis will bezahlt* *werden – Rentabilität*		
↓	→	**Bestehende Preisgestal-** **tung der Konkurrenz**
Absatzwege ***Über Handel, Außendienst, Inter-*** ***net, Kommission***		
↓	→	**Vertrieb der Konkurrenz**
Werbung ***Inserate, Direktansprache, Inter-*** ***net, TV, Werbebriefe***		
↓	→	**Werbung der Konkurrenz**
→	Markt- kennt- nis	←

Standortentscheidung

Handel	Kaufm. Branchen	Produz. Gewerbe
Laufkundschaft	repräsentatives Büro	Industriegebiet
Anzahl und Größe der Konkurrenz	Bürogemeinschaft?	Erweiterungsmöglichkeiten
Ausstellungsflächen	helle, freundliche Räumlichkeiten	bauliche Vorschriften und Auflagen (Lärm, Umweltschutz)
Ladenfront		
Bevölkerungsstruktur		
Parkplätze		
Verkehrssituation und -anbindung für Kundschaft, Auslieferung, Anlieferung		
Benötigte Flächengröße		
Höhe der Mieten		

Empfehlung: Generell am Anfang nur Mietverträge mit 1-jähriger Laufzeit abschließen.

Produktplanung und -beschreibung

Produktidee

Entwicklung von Produktideen
Gemessen an Konkurrenz, Forschung,
Marktbeschaffenheit, finanzielle Mögl chkeiten

Wirtschaftlichkeitsanalyse
Umsatz – Kosten – Gewinn

Entwicklung/Herstellung des Produktes

Testphase

Markteinführung

Laufende Bearbeitung/Veränderung
des Produktes möglich

Produktmerkmale

- Exklusivität des Produkts, evtl. Patent

- Kann es im In- und Ausland verkauft werden?

- Ist es saisonabhängig oder nicht?

- Wie lange ist es haltbar, in welchen Zeitabständen kann es
verkauft werden, monatlich, jährlich, einmalig?

Die Berater

Als Existenzgründungsberater sehen sich viele gerne. Nur ist auch hier enorme Vorsicht geboten.

Ob Unternehmensberatungen oder Consultingfirmen, alle wollen mit Existenzgründern viel Kasse machen.

Die Berater hoffen, auf unerfahrene, euphorische und vertrauensselige Menschen zu treffen, denen sie ihre Dienstleistungen zu saftigen Preisen verkaufen können.

Erfahrungen zeigen, dass solche Beratungen teilweise haarsträubende und absolut falsche, weil unnötige Dinge beinhalten.

Auch bei scheinbar seriösen Verbänden und Vereinen ist äußerste Vorsicht geboten; z. B. kann jedermann ohne Probleme einen Bundesverband gründen.

Auf folgende Punkte sollte man vor einem Vertragsabschluss mit einer Existenzgründungsberatung auf jeden Fall Wert legen:

- Referenzen mit Name und Anschrift aushändigen lassen
- Erkundigungen einholen bei Behörden, Handelskammern, IHK usw.
- Planung und Ablauf der Gründungsphase auf Realitätsnähe, Umsetzbarkeit und Notwendigkeit prüfen
- 3 oder 4 Vergleichangebote einholen
- Von Aufmachung und Sprüchen nicht blenden lassen
- Verbindliche Kostenvoranschläge verlangen
- Nicht unter Zeitdruck setzen lassen
- Keine Vorkasse leisten

Seriöse Beratungen haben hiermit keine Probleme, unseriöse werden wahrscheinlich das meiste hiervon ablehnen.

Bleiben noch die IHKs zu erwähnen, die sicherlich ganz gute Erstberatungen anbieten, mehr aber auch nicht. Auch hier gilt es, die verschiedenen Angebote zu prüfen; finanziell sind sie jedenfalls meist erschwinglich.

Etwas Beamtenmentalität und die Nutzung durch Politiker und Funktionäre als Podium für persönliche und politische Zwecke haben den Ruf der IHKs etwas in Mitleidenschaft gezogen, ebenso wie die Zwangsmitgliedschaft.

Am besten fährt man sicherlich immer noch mit Empfehlungen von Existenzgründern, bei denen eine zufrieden stellende und erfolgreiche Beratung stattgefunden hat.

Unternehmensberatungen – oft mehr Schein als Sein.

Beratungsqualität durch Fachleute

Ähnlich wie Rechtsanwälte sind heute einzelne Berater mit den vielen Sachgebieten überfordert.

Sie werden in der Regel natürlich nicht zugeben, dass sie von einem bestimmten Themenbereich nicht viel verstehen, und deshalb den Klienten [nicht] an einen anderen Kollegen verweisen. Zum einen aus Stolz, zum anderen, um sich den zusätzlichen Umsatz nicht entgehen zu lassen. Die **Beratung** wird daher in Ausführung und **Qualität** stark schwanken.

Die Folge: Falsche Beratung, die sich erst später als eine solche herausstellt. Vielleicht zu spät, mit all den weitreichenden negativen Folgen für den Klienten.

Die Lösung stellen Beraterpools dar, ein Zusammenschluss von Experten, von denen jeder sein Sachgebiet behandelt.

Profis haben auch kein Problem damit, an einen Kollegen zu verweisen, der sich besser auskennt. Einfach weil sich dieser spezialisiert und darauf konzentriert hat und täglich mit dem entsprechenden Themenbereich zu tun hat.
Profis wissen, was sie können, und können einschätzen, was ein anderer kann.

Berater – nur erfolgreich, wenn ihre Klienten erfolgreich sind.

Beispiel, wie hoch Beratungsqualität sein kann, in einem Benotungsrahmen von 1 bis 10

Sachgebiete	Einzelner Berater	Beraterpool
Gründungsberatung	5	10
Marketing	9	10
Vertrieb	6	10
Werbung	4	10
Controlling	7	10
Personalberatung	3	10
Marktkenntnisse	8	10
usw.		
	↓	↓
	Mittelmäßige Beratung	Hoch qualifizierte Beratung

Franchising

Franchise bedeutet Kooperation zwischen zwei selbstständigen Unternehmen.
Der Franchise-Geber räumt dem Franchise-Nehmer das Recht ein, seine Produkte oder Dienstleistungen gegen die Zahlung von Entgelten (einmalig und/oder laufend) anzubieten und zu verkaufen.

Der FN kommt in ein fertiges Konzept, spart die Zeit und das Geld für einen entsprechenden eigenen Unternehmensaufbau. Das Risiko ist dadurch kleiner. Der FN ist trotzdem selbstständiger Unternehmer.

Ziel ist das einheitliche Auftreten am Markt und die dadurch entstehenden Synergieeffekte.

Der FN erhält vom FG ein Gesamtpaket, für das er eine Franchise-Gebühr bezahlen muss.

Doch auch hier muss vor schwarzen Schafen gewarnt werden:
Vor Franchise-Gebern, die nach vergeblichen Versuchen, das jeweilige Produkt selbst am Markt zu verkaufen, jetzt noch abschließend mit der Vergabe von Lizenzen Geld zu machen versuchen.
Oder es gibt und gab überhaupt keine Anstrengungen, die Produkte verkaufen zu wollen. Es war von Anfang an geplant, nur die Lizenzgebühren zu kassieren.

Wenn eine Lizenzgebühr bezahlt wird, muss das Geschäft eingeführt und lohnend sein. Sie sollte auch nicht als Festbetrag bezahlt werden, sondern nur am Umsatz ausgerichtet sein.
Wenn der FG von der Verkäuflichkeit seiner Produkte oder Dienstleistungen überzeugt ist, lässt er sich darauf ein, auch schon

deshalb, um bei seinem künftigen Geschäftspartner, dem FN, Vertrauen aufzubauen.

Einen Festbetrag wird er vielleicht dann fordern, wenn er vom ernsthaften Willen des potentiellen FN nicht so recht überzeugt ist und um diesen damit etwas unter Druck zu setzen, etwas bewegen zu müssen.

Der FG möchte natürlich keinen Franchise-Partner, der seinen geschäftlichen Pflichten dann nicht nachkommt und seine Produkte oder Dienstleistungen nicht entsprechend vermarktet. Er hat einen Namen und Kundschaft zu verlieren.

Der potentielle Franchise-Nehmer seinerseits sollte auf jeden Fall bezüglich des »Ankommens« der FG-Produkte eigene Tests durchführen, z. B. im Bekanntenkreis.

Nachfolgend werden die Vor- und Nachteile sowie die Leistungen und Pflichten von Franchise-Gebern und Franchise-Nehmern dargestellt.

Franchising — nur so gut oder so schlecht wie das Produkt oder die Dienstleistung und die Partnerschaft.

Franchise-Geber

Vorteile:
Keine Unterhaltung von Filialen, keine Mieten, keine Löhne usw.
Einnahme von Lizenzgebühren
Schnelle Expansion

Nachteile:
Aufwändige Kontrolle
Finanzierung von überregionaler Werbung

Franchise-Nehmer

Vorteile:
Selbstständige Tätigkeit
Gebietsschutz
Wettbewerbsvorteile durch Synergieeffekte
Finanzierungshilfen durch den FG

Nachteile:
Lizenzgebühr
Gewisse Abhängigkeiten vom FG
Begrenzte Möglichkeiten der Kooperation mit anderen Firmen
Evtl. keine Umsetzung und Berücksichtigung eigener Ideen

Franchise-Geber

Leistungen und Pflichten:
Entwicklung und Überlassung eines Franchise-Paketes und des gesamten Know-how inkl. Produkt- und Markenzeichen
Hilfe beim Firmenaufbau des FN, evtl. mit Finanzierungshilfe
Werbung, Weiterentwicklung, Krisenmanagement
Laufende Beratung und Schulung, Erfahrungsaustausch, Treffen
Vergabe und Einhaltung von Gebietsschutz
Für Wettbewerbsfähigkeit sorgen

Franchise-Nehmer

Leistungen und Pflichten:
Führung des Geschäfts nach den gemeinsamen Richtlinien
Übermittlung von Betriebsergebnissen
Bereitschaft für Kontrollen durch den FG
Wahrung der Diskretion

Wareneinkauf nur beim FG oder benannten Bezugsquellen

Recht auf Schulung, weiterentwickelte Produkte und Marketingstrategien, überregionale Werbung und Hilfe durch den FG

Die Geschäftsgründung in Angriff nehmen

Fragen stellen:
Bei der Gründung darf man sich nicht zu einer Selbsttäuschung hinreißen lassen.
Es ist zwar verlockend, von positiven Zukunftserwartungen zu träumen, man sollte aber trotzdem jederzeit in der Lage sein, das geplante Vorhaben objektiv analysieren zu können. Die Fähigkeit, Fragen zu stellen, muss über allen anderen Gedanken liegen.

Bescheidenheit zuerst:
Viele Gründer verwenden mehr Zeit darauf, an das Geld zu denken, das sie verdienen könnten, als damit, wie schwierig es zu verdienen ist.
Es müssen realistische Ziele gesetzt werden, die schrittweise und logisch aufgebaut werden.

Flexibel beobachten:
Im Laufe der Zeit werden sich unweigerlich neue Wege und Möglichkeiten ergeben. Vielleicht ergibt sich hier die Möglichkeit einer weiteren zu realisierenden Idee, an die man am Anfang überhaupt nicht dachte. Flexibilität und Weitsicht sind wichtig.

Die Konkurrenz ernst nehmen:
Der Konkurrent ist ein Gegner, der niemals unterschätzt werden darf. Je mehr man über ihn weiß, umso besser kann man ihn überflügeln.

Wissenslücken schließen:
Wissenslücken werden beim Aufbau eines Unternehmens immer auftauchen. Das ist völlig normal. Um Erfolg zu haben, müssen diese so weit wie möglich geschlossen werden.
Hier gilt: Die besten Leute mit ins Boot holen, um von ihnen zu lernen. Sie entweder einstellen oder sie as Berater hinzuholen. Diese Investition wird sich sicherlich lohnen.

Auf dem Boden bleiben:
Auch bei anfänglichen Erfolgen stets vernünftig weiterarbeiten und nicht abheben. Lieber stetig langsam weiterwachsen als torpedoartig.
Wie ein altes Sprichwort sagt: Je höher auf der Leiter, umso tiefer der Fall.

Ob anfänglicher Erfolg oder Misserfolg – nicht nach links und nicht nach rechts schauen, sondern geradeaus den Weg zum Ziel weiterverfolgen.

Die Werbung

Werbung und Werbeziele

Werbung wird gemacht, um Produkte und/oder Dienstleistungen anzubieten und zu verkaufen. Möglichkeiten, wie Werbung aussehen und gemacht werden kann, gibt es sehr viele. Um der Gefahr zu entgehen, sich in diesem Werbedschungel zu verirren, müssen vorab die jeweiligen Werbeziele festgelegt und ein **Werbeplan** erstellt werden.

Ziel ist die Förderung der Bekanntheit. Sie soll aufgebaut, erhöht, erhalten oder aber zurückgewonnen werden.

Im gleichen Zug sollten möglichst auch die Information und das Wissen über das jeweilige Produkt oder die Dienstleistung verbessert werden.

Werbung dient auch als Mittel der psychologischen Beeinflussung, wie etwa Wünsche auslösen, beeindrucken, wecken von Aufmerksamkeit und Interesse, Aufbau emotionaler Reaktionen.

Werbeplan

Absatzziele
Was, wo und in welcher Menge soll abgesetzt werden?
↓
Werbeziele
Was soll mit der Werbung ereicht werden?
↓
Werbebudget
Welche Höhe ist möglich, welche erforderlich?
Finanzierung?
↓
Werbekonzeption
Planung und Festlegung der Werbebotschaft
Wahl der Werbemittel, wie, wo und wie lange soll geworben werden?
↓
Werberealisation
Durchführung
↓
Werbeerfolgskontrolle
Wurden Absatzziele erreicht, reichte das Budget aus oder muss es erhöht werden,
sind Veränderungen notwendig, wie kam die Werbung beim Verbraucher an?
Wie hat die Konkurrenz darauf reagiert?
Wie steht es mit der Wirtschaftlichkeit?

Arten von Werbung

Werbung in Tageszeitungen

Werbeanzeigen in regionalen Tageszeitungen genießen laut mehreren Statistiken und Umfragen die höchste Glaubwürdigkeit.

Die entsprechenden Blätter werben selbst mit ihrer Auflagenstärke, wie:»Mit uns erreicht Ihre Anzeige täglich 50.000 Leser.« Eigentlich von jedem Inserenten nachvollziehbar. Da aber solche Anzeigen mittlerweile viel Geld kosten, sei ein etwas genauerer Blick hierauf erlaubt:

Grundsätzlich muss zwischen aktuellen Angebotsanzeigen (z. B. Super- und Elektromärkte, Schluss- und Ausverkauf usw.) und der so genannten Bekanntheitswerbung (z. B. Anzeige einer Schreinerei nur mit Anschrift und ohne ein konkretes Angebot) unterschieden werden.

Während der Handel auf Angebotsanzeigen angewiesen ist und diese auch großflächig darstellt, so bringt einfache Bekanntheitswerbung in Tageszeitungen nicht viel Erfolg. Nachstehend ist aufgeführt, wie es in der Realität für die als **Beispiel** genannte Schreinerei mit ihrer erfahrungsgemäß kleinen Anzeige aussehen kann. Auch der **Blickmittelpunkt** spielt bei Anzeigen in Zeitungen und Zeitschriften eine große Rolle.

Gesamtauflage **50.000**, doch wie viele Leser kommen und kaufen tatsächlich?

? %   der Leser lesen an diesem Tag, z. B. aus Zeitmangel, die Zeitung überhaupt nicht.

? %   der Leser lesen den Anzeigenteil nicht.

34

? % der Leser lesen die geschaltete Anzeige nicht, weil sie
- zu klein, zu schlecht platziert oder zu unauffällig ist.

? % der Leser sind keine potentiellen Kunden, weil
- sie die Produkte nicht benötigen;
- sie die Produkte erst kürzlich angeschafft haben;
- sie zu alt oder zu jung dafür sind usw.

? % der Leser kaufen nicht, weil
- sie zwar Interesse haben, aber momentan nicht das Geld;
- sich nicht trauen oder zuerst zur Konkurrenz gehen und dort kaufen.

Dann fallen noch diejenigen weg, die die Anzeige schon am nächsten Tag vergessen haben, weil sie nicht sofort Zeit gefunden haben. Manchen ist der Weg zu weit usw.

Es nehmen tatsächlich …? Kontakt auf.
Es kaufen wirklich …?

Die Anzeige erscheint nur 1 Tag!
Die wenigsten machen sich die Mühe und schneiden die Anzeigen aus.

Für pauschale Bekanntheitsanzeigen sind Tageszeitungen nur bedingt geeignet.

Blickmittelpunkt

Mit entscheidend, ob eine Anzeige gesehen wird oder nicht, ist der Blickmittelpunkt.
Das ist die Stelle auf einer Seite, auf die beim Aufschlagen der erste Blick des Lesers fällt.

Untersuchungen ergaben, dass dieser Punkt auf einer senkrechten Linie liegt und in einer Höhe von etwa 3/8 der Gesamtlänge von oben. Einfluss auf die Platzierung einer Anzeige hat man normalerweise nicht, schon gar nicht, wenn man kein »großer« Kunde bei der Zeitung ist.

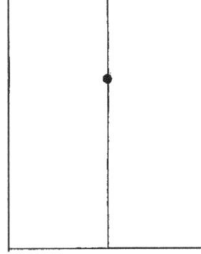

Werbebriefe

Eine gute Möglichkeit der Werbung ist dFer persönliche Werbebrief.

Der Empfänger wird individuell und persönlich angesprochen. Am besten fügt man dem Werbebrief einen so genannten **Flyer** mit **Antwortformular** bei.

Der Flyer soll die angebotenen Produkte und Dienstleistungen übersichtlich und ansprechend auf den Punkt bringen. Während der Werbebrief meist ins Altpapier wandert, soll der Flyer vom Empfänger länger aufbewahrt und bei Bedarf hervorgeholt werden.

Das Antwortformular soll das Antworten erleichtern, hauptsächlich für diejenigen, die sich nicht die Mühe eines Antwortbriefes machen wollen.

So antworten auch einige, die dies normalerweise nicht getan hätten. Folgende Regeln werden empfohlen:

- **Saubere Aufmachung als Aushängeschild des Unternehmens**
- **kurze und prägnante Worte – schnell zu lesen**
- **Neugierde des Empfängers wecken**
- **Keine Kopien, der Empfänger muss sich persönlich angesprochen fühlen**

- Unterschrift des Absenders mit Angabe des vollen Namens, damit dem Empfänger der Ansprechpartner bekannt ist

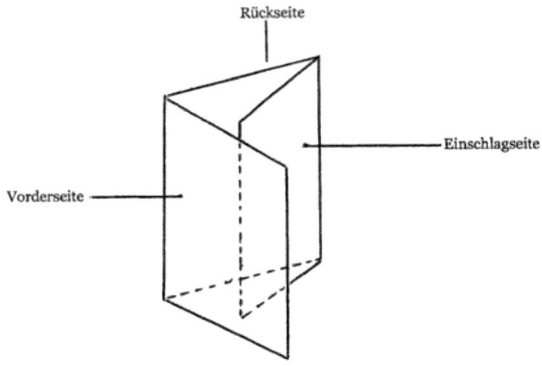

Es passiert oft genug, dass man Geschäftsbriefe bekommt, die nur unterschrieben sind. Man versucht dann, meist vergeblich, den entsprechenden Namen zu entziffern. Außerdem weiß man nicht, wie bei einer eventuellen Antwort die Anrede formuliert werden muss, sehr geehrte/r Frau oder Herr ...?

<u>Texteinteilung:</u>

Vorderseite:
Firmenname, Slogan, Logo

Rückseite:
Kurze Ansprache, Grund und Erklärung dieses Flyers

Einschlagseite:
Anschrift, Fon/Fax, E-Mail, Internet

3 Innenseiten:

Inhalt, gegliedert, übersichtlich, evtl. mit Bildern oder Grafiken

Ob zu, halb oder ganz geöffnet – der Flyer soll jederzeit interessant sein und zum vollständigen Lesen animieren.

Antwortformular

Antwort an die Fa. … Fax-Nr.:
O　　　　Wir bitten um Kontaktaufnahme
　　　　　mit Frau/Herrn _____
O　　　　Wir bitten um die Übersendung von Referenzen

　　O　**Wir bitten um weitere Unterlagen**
　　O　**Sonstiges, und zwar**

　　　　_____
　　　　_____
　　　　_____
　　　　_____

Firmenstempel, Ansprechpartner/in

An wen sollen die Werbebriefe/Unterlagen gerichtet werden, Ansprechpartner

Bevor Werbebriefe verschickt werden, müssen die Hausaufgaben gemacht werden, d. h. es sind Recherchen anzustellen, an welchen Ansprechpartner im anzuschreibenden Unternehmen die Werbebriefe gerichtet werden sollen.

Ohne einen Namen zu nennen und nur mit der Anschrift wird das Werbeschreiben »irgendwo« landen und wahrscheinlich nicht weitergeleitet werden.

Es gibt zwei Möglichkeiten der Ansprechpartner.
Entweder an die Geschäftsleitung oder der entsprechenden Abteilungsleiter.

Beide Möglichkeiten haben Vor- und Nachteile.
Werbebrief an den Abteilungsleiter:

Generell ist dies der richtige Adressat und der normale Weg der Kontaktaufnahme.
Dennoch besteht hier das Risiko, dass er den Werbebrief unter den Tisch fallen lässt, obwohl vielleicht sogar Bedarf an den angebotenen Produkten oder Dienstleistungen bestehen würde.
Warum: Profilierungssucht, bei der Vorlage beim Chef wird unter Umständen die Frage gestellt, warum er nicht selbst auf diese Idee gekommen ist? Warum sollen Aufträge nach außen vergeben werden, während im Unternehmen selbst große Gehälter bezahlt werden? Ist der Abteilungsleiter vielleicht nicht gut, gibt es bessere? Angst um den Arbeitsplatz? Neid? Viele Gründe, die man als Außenstehender nicht vorher wissen kann.

Werbebrief an die Geschäftsleitung:

Hier besteht die Gefahr, dass der Werbebrief gar nicht bei der Geschäftsleitung ankommt, sondern vorher aussortiert und nicht weitergeleitet wird.
Es gehen täglich sehr viele Werbebriefe ein, und welches Mitglied der Geschäftsleitung will sich die Mühe machen, die alle persönlich zu lesen?
Andererseits ist hier die große Chance gegeben, dass, wenn es tatsächlich gelingt den Werbebrief bis ganz oben durchzubekommen, dieser nicht unter den Tisch fallen kann.

In der Regel wird er dann auch wiederum zu dem entsprechenden Abteilungsleiter weitergeleitet, dieser muss dann aber die

Angelegenheit bearbeiten, weil er die Anweisung dazu erhalten hat! Und er muss damit rechnen, später von der Geschäftsleitung über den Ausgang oder den aktuellen Stand befragt zu werden.

Die Entscheidung, an wen nun tatsächlich der Werbebrief geschickt werden soll, ist nicht einfach zu treffen. Entscheidend ist hier das gewisse Gespür.

Eine Hilfe ist hier sicherlich das Internet. Sind hier auf den jeweiligen Webseiten die Mitglieder der Geschäftsleitung namentlich genannt, dann haben diese auch in der Regel nichts gegen an sie persönlich gerichtete Post einzuwenden, denn sonst wäre dies nicht der Fall.

Werbebriefe an den richtigen Ansprechpartner – entscheidend für Erfolg oder Misserfolg.

Werbung auf Firmenfahrzeugen

Wenn Firmenfahrzeuge vorhanden sind, sollten sie selbstverständlich auch als zusätzliches Werbemittel verwendet werden.
Der Verkehr steigt stetig an, die Standzeiten im Verkehr, wie z. B. in einem Stau, werden immer länger. Zeit genug, um sich umzusehen und die Werbung auf verschiedenen Fahrzeugen nicht nur zu lesen, sondern auch zu verinnerlichen.

Aufgrund der Mobilität ergeben sich hohe Kontaktchancen zu allen Verkehrsteilnehmern.

Wenn das Fahrzeug nicht benötigt wird, am Wochenende oder abends, kann es an gut frequentierten Stellen auch als »Werbetafel« positioniert werden.
Manche Unternehmen verzetteln sich leider jedoch mit einer Viel-

zahl von aufgedruckten Informationen, die man sich entweder gar nicht oder, wenn überhaupt, nur teilweise merken kann. Das ist nicht notwendig, weniger ist hier mehr. Wer merkt oder notiert sich z. B. eine Telefon- oder Faxnummer? Wer kann sich später noch an die Anschrift erinnern? Wer nimmt sich überhaupt die Zeit, alles zu lesen? Wer will schon das Risiko eines Verkehrsunfalls eingehen?

Wie auffällige, neugierig machende Werbung z. B. auf einem LKW aussieht, die zudem noch einprägsam ist, wird nachfolgend beschrieben – **Verkehrsmittelwerbung**.

Verkehrsmittelwerbung

Beispiel LKW:

<u>Fahrerhausaufdruck:</u>
- Firmenname, Anschrift, Fon, Fax

<u>Seitliche Planenfläche:</u>
- Firmenname und Stadt großgeschrieben
- großgeschriebene Internet-Adresse

<u>Heckplanenfläche:</u>
- Slogan, der neugierig macht
- ein Fragezeichen
- andere Interesse weckende Aufschriften, wie z. B.
  Inside?
  Neugierig?
  Vor Ihnen fährt ...
  Alles für Sie!
  Für was halten Sie mich?
  GeWICHTIGES und BEWEGENdes ...
  Fahren Sie auch auf mich ab?

Firmenname, Stadt oder prägnante Internet-Adresse gut lesbar und einprägsam angebracht – und der Interessent findet zum Unternehmen.

Werbung im Internet

Die eigene Homepage gehört mittlerweile zu (fast) jedem Unternehmen.
Der Interessent/Surfer hat die Möglichkeit, innerhalb kurzer Zeit viele Internetseiten zu besuchen und zu vergleichen.
Geübte Surfer geben schlecht gemachten Seiten keine Chance und besuchen lieber gleich die nächste.
Hier liegt die Gefahr der Anti-Werbung, wenn die Seite nicht gut gemacht ist, was übrigens selbst großen und bekannten Firmen laufend passiert.
Die Seite sollte interessant sein und neugierig machen, sie sollte spielerische Elemente haben, einfach und dennoch anspruchsvoll sein. Und das alles gut und logisch aufgebaut.

Beim Namen wird oft auf den normalen Firmennamen zurückgegriffen. Das ist auf den ersten Blick auch sinnvoll. Es sollte aber überlegt werden, wie viele im Namen ähnliche Internetseiten es schon gibt.
Wenn die Suchmaschine Tausende von Ergebnissen bei der Eingabe dieses Namens auswirft, ist die Chance sehr gering, beim Ansehen berücksichtigt zu werden.

Was tun?
- **Bei bekannten oder nicht häufigen Namen oder Marken kann durchaus deren Namen verwendet werden.**
- **Es sollte auf Bindestriche, Querstriche und Abkürzungen und zu lange Domain-Names verzichtet werden – damit sie leichter zu merken sind.**
- **Gut ist auch, den Firmenslogan als Internet-Adresse zu**

verwenden. Das garantiert gute Auffälligkeit, Erinnerung und der Name ist wahrscheinlich sonst noch nicht vergeben.

Zu den Inhalten ist zu sagen, dass schon viele Firmen ihre Homepages wieder zurückgezogen haben und lieber auf eine Seite verzichten.

Der Grund:
Auf das Internet haben viele Zugriff und es werden ständig mehr. Klar, dass da viele Typen am Werk sind, die nichts anderes im Sinn haben, als Ideen zu klauen.

Oder andere Unternehmen, die nach neuen Ideen und Möglichkeiten suchen, ihr Angebot zu erweitern.

Es kam vor, dass eine Homepage innerhalb weniger Tage fast identisch, nur leicht verändert, noch weitere Male unter anderen Namen erschienen ist. Hiergegen gibt es leider keinen Schutz.

Es muss also genau überlegt werden, welche Infos man ins Internet stellt. Im Zweifelsfall lieber auf eine Präsentation verzichten und den Kunden und Interessenten dies erklären. Sie werden bestimmt Verständnis dafür haben.

Eine schlecht gemachte Homepage ist keine gute Werbung.
Genau abwägen, welche Inhalte ins Internet gestellt werden sollen.

TV-Spots

Wer sich TV-Spots leisten kann, hat hiermit sicher eine große Möglichkeit der Bekanntmachung seiner Produkte oder Dienstleistungen.
Viele Komponenten können hierfür ausschlaggebend sein:

Der Sender:
Groß, klein, seriös oder eher nicht?

Die Sendung:
Wo erreiche ich mein Zielpublikum?

Die Uhrzeit:
Wann ist die beste Zeit, was kostet sie?

Der Werbespot:
Wie soll er sein, was soll er rüberbringen?

Das Ergebnis:
Gibt es messbare Erfolge?

TV-Spots – Unternehmen sind oft schlecht beraten, zahlen viel Geld für schlechte Spots.

Gute Spots sind leicht, unterhaltend, pfiffig, sympathisch, offen und hinterlassen Eindruck. *Beispiele:*

TV-Spot für ein Haarpflegeprodukt*

Szene 1:
Innenstadt, Ansicht auf zwei direkt nebeneinander liegende Ladengeschäfte. Ein warmer Sommertag.
Links ein italienisches Hutgeschäft, rechts ein griechischer Frisörsalon.
Giovanni, der Hutladen-Besitzer pfeift draußen vor dem Geschäft freudig vor sich hin und hängt ein paar seiner Hüte unter der Markise vor seinem Laden auf.

---

*Alle Rechte vorbehalten

44

Szene 2:

Aus dem Frisörsalon stürmt eine elegant gekleidete Frau. Sie wirkt nervös und sucht in ihrer Handtasche verzweifelt nach der Sonnenbrille, die sie sich dann auch gleich auf die Nase setzt.

Mit leicht geknicktem, fluchtartigem Gang und ohne etwas zu sagen läuft sie gleich nebenan an Giovanni vorbei in dessen Hutladen.

Dieser reibt sich freudig die Hände, grinst, hebt seinen Kopf in Richtung Himmel und folgt der Dame in seinen Laden.

Szene 3:

Die Dame kommt erhobenen Hauptes und mit stolzem Gang aus dem Hutladen und läuft aus dem Bild. Auf ihrem Kopf ein riesiger, soeben bei Giovanni gekaufter Hut.

Giovanni kommt ebenfalls raus und pfeift weiter freudig vor sich hin.

Szene 4:

Costas, der Frisörladen-Besitzer, steht vor seinem Laden und hat das alles mit skeptischem und leidendem Blick beobachtet.

Die Blicke der beiden treffen sich unverhofft.

Giovanni grüßt freundlich, Costas verdrückt sich mit bitterer Miene und ohne zu antworten zurück in seinen Laden.

Szene 5:

Am nächsten Tag.

Giovanni, wieder pfeifend vor seinem Geschäft, beobachtet einen Handwerker auf der Leiter, der vor dem Frisörgeschäft in etwa 3 Meter Höhe ein Werbeschild mit dem Aufdruck »Schnella Haarpflege – faszinierend schnittig« anbringt. Giovanni lacht, der Handwerker sieht ihn an und Giovanni macht schwankende Körperbewegungen in seine Richtung. Sprich: Fall bloß nicht von der Leiter. Der Handwerker schaut verwirrt drein, wirft seine Blicke nach unten, die Leiter entlang. Giovanni geht, sich fast kaputtlachend und abwinkend, zurück in seinen Laden.

Szene 6:
Am nächsten Tag.
Giovanni steht wieder draußen vor seinem Laden, als sich nebenan in Costas' Frisörgeschäft die Tür öffnet.
Wieder kommt eine elegant gekleidete Frau heraus. Diesmal mit wehenden Haaren, selbstbewussten Schritten und tiefster Zufriedenheit.

Szene 7:
Giovanni lacht, die Dame schreitet an ihm vorbei, ohne ihn eines Blickes zu würdigen.
Schlagartig fallen seine Mundwinkel nach unten, er kann es nicht fassen. Sein Gesichtausdruck: Nein! Warum?! Das kann nicht sein! Hilfe!

Szene 8:
Costas steht grinsend vor seinem Frisörladen und schaut stolz den Schritten seiner Kundin hinterher.
Er grüßt freundlich zu Giovanni hinüber. Dieser hebt mit bitterböser Mine die Faust und zieht sich fluchend in seinen Laden zurück.

Szene 8:
Costas hebt seine Blicke hoch auf das Werbeschild. Dieses wird noch mal eingeblendet.

Szene 9:
Der abschließende Werbeslogan, z. B.

Sie werden nie mehr Hüte tragen.
Auf der richtigen Welle reiten.
Immer einen Sch(r)nitt voraus.
Faszinierend schnittig.

Das dazu passende Werbeplakat könnte so aussehen, um gleich einen unverwechselbaren Bezug zum Fernsehspot herzustellen: In der Mitte des Bildes das Werbeschild, links ein weinender Giovanni, rechts ein lachender Costas.

TV-Spot für ein Erfrischungsgetränk*

Szene 1:
Große, dicke Frau sitzt neben ihrem kleinen, hageren und glatzköpfigen Mann auf dem Sofa und sieht fern. Eine schlafende Dogge liegt vor ihnen. Beide schauen grimmig drein und schwitzen an diesem heißen Sommerabend. Die Frau fängt an zu schmatzen und sieht mit einem befehligenden Blick zu ihrem Mann hinüber.

Szene 2:
Man sieht die Wohnungstür draußen vom Flur aus aufgehen.
Der kleine Mann huscht heraus, die Dogge, die keine Lust hat, mit gestraffter Leine hinter sich herziehend.
Die Frau steht in der Tür und gibt dem Hund noch einen Tritt.

Szene 3:
Der Mann kommt aus dem Haus gelaufen und grinst verschmitzt.

Szene 4:
Die Frau schließt von innen die Tür und grinst ebenfalls verschmitzt.

Szene 5:
Der Mann öffnet die Tür zu einer Kneipe.

Szene 6:
Die Frau eilt in die Küche und öffnet voller Freude den Kühlschrank.

Szene 7:

Im Kühlschrank: 1 Dose Cola.

Wassertropfen rollen an ihr herunter. Die Frau nimmt die Dose heraus, die Dose ist leicht, sie schüttelt sie, sie dreht sie um – sie ist leer!

Der letzte Tropfen läuft aus der Dose (Zeitlupe). Die Frau zerquetscht sie und denkt an ihren Mann.

Szene 8:

Die Frau schäumt vor Wut, wirft die Kühlschranktür so heftig zu, dass diese aus den Angeln fährt.

Szene 9:

Herr und Hund stehen am Tresen. Vor ihnen zwei Dosen Cola.

Sie freuen sich, sind glücklich miteinander.

Der Hund hat die Vorderpfoten auf dem Tresen.

Szene 10:

Der abschließende Werbeslogan, z. B.

We've done it. Together!

Tough Guys!

Wonderful moments.

Konsequenzen egal.

Das dazu passende Werbeplakat:

Herr und Hund glücklich am Tresen stehend, vor ihnen eine Dose Cola.

Über dem Mann eine Denkblase mit seiner wütenden Frau.

TV-Spot für einen Brillenhersteller*

Szene 1:

Ein Mann mit einem blauen Auge (Glatze, Mitte 30, ab Gürtellinie aufwärts sichtbar) kommt schweren Ganges und mit zugekniffenen Augen den Gehweg in einer Stadt entlang.

Szene 2:
Seitenansicht. Der Mann läuft auf eine Ampel zu, er scheint sie nicht zu sehen.

Szene 3:
Wieder von vorne. Der Mann läuft mit dem anderen Auge frontal auf die Ampel, ein dumpfer Schlag ist zu hören. Der Mann taucht nach unten aus dem Bild weg.

Szene 4:
Wieder von der Seite. Der Mann krümmt sich mit vorgebeugtem Oberkörper und jammert.

Szene 5:
Wie Szene 1, von vorne. Der Mann läuft mit weinerlicher und verzweifelter Miene weiter seinen Weg, er hat nun zwei blaue Augen.

Szene 6: Einblendung Slogan 1:
Bald sind die Ampeln wieder sicher.

Szene 7: Einblendung Slogan 2:
Morgen geht er zu Knick-Optik!

Die entsprechende Plakatwerbung:
Bild mit dem Kopf des Mannes mit zwei blauen Augen.
Über seinem Kopf Slogan 1, unter ihm Slogan 2.

Alle Werbeformen und -arten müssen in einem leicht zu erkennenden Bezug zueinander stehen.

Werbeslogan

Ein Werbeslogan ist ein prägnanter und einprägsamer Werbespruch, der in allen Werbemitteln eingesetzt werden kann. In Anzeigen, auf Fahrzeugen, auf Briefbögen, Plakaten, als Zusatz zum Firmennamen, in Publikationen usw.

Der Slogan soll der unverwechselbare i-Punkt der Werbung sein, die Zusammenfassung der Werbebotschaft zur besseren Erinnerung an diese.

Durch Zweideutigkeit regen Slogans zum Nachdenken an und prägen sich schnell und langfristig ein.

Der angesprochene Konsument soll sich nur diesen Slogan einprägen und das Produkt oder die Dienstleistung werden immer gegenwärtig sein und ihm bei Bedarf sofort einfallen.

Wenn es um das Einprägen und die Differenzierung zu Anderen geht, wirkt ein Slogan oft Wunder.

Sloganbeispiele …

Sloganbeispiele verschiedener Branchen
Airline – *Destinations come closer*
Arzneimittelbranche – *Wohler fühlen jeden Tag*
Reifenhersteller – *In jeder Situation vier Asse im Ärmel*
Schuhhersteller – *Wir hängen uns an Ihre Fersen*
Optiker – *Wir haben einen Knick in der Optik, aber nur wenn es um unsere Preise geht*
Reiseveranstalter – *Xpress ins Abenteuer*
Bekleidungshersteller – *Faszinierend anzüglich*
Immobilien – *Erbauliche Zukunft*
Landkreis – *Ein Standort hält Wort*

Die meisten Unternehmen haben noch immer nicht verstanden, was ein guter Slogan bewirken kann. Millionen werden in Werbung investiert, aber auf einen tollen Slogan wird verzichtet!?

Mangelnde Fantasie? Ignoranz? Selbstüberschätzung?

Rechtliche Situation:
In Deutschland ist es nur dann möglich, sich einen Firmennamen oder Werbeslogan rechtlich schützen zu lassen, wenn er in direkter Verbindung zu dem Namen oder dem Produkt angesehen werden kann.

»Pauschale« Slogans können daher nicht geschützt werden und von allen anderen ebenfalls genutzt werden.

Diese völlig veraltete Regelung ist auch ein weiterer Beweis für sinnlose und unflexible Bürokratie in diesem Land.

Trotzdem kommt es nur sehr selten vor, dass ein Slogan von mehreren Firmen gemeinsam benutzt oder von einigen gestohlen wird.
Denn dann bestünde die Gefahr, dass der Verbraucher eventuell zum falschen Unternehmen geht, weil es zu Verwechslungen kommen kann.

Es sei denn, es handelt sich um den millionenfach zum Einsatz kommenden Slogan ... und mehr.
Aber dieser erzielt sowieso keinerlei Wirkung.

Sonstige Werbemittel

Werbung auf Stadtplänen im Freien in Städten und Gemeinden:

Diese Art der Werbung macht wenig Sinn. Einheimische sehen die Werbung nicht, weil sie sich ja auskennen und deswegen den Plan wahrscheinlich überhaupt nicht ansehen. Auswärtige, die den Plan anschauen, um etwas zu suchen, sind keine Zielgruppe. Sie werden wohl kaum wiederkommen, um eine werbende Firma zu besuchen.

Einkaufswagenwerbung:

Auch nur bedingt zu empfehlen, da es vorkommen kann, dass die beworbenen Einkaufswagen bei mäßigem Besuch des Kaufhauses gar nicht in Umlauf kommen, sondern nur am Anfang der abgestellten Reihe herumstehen.

Plakatwerbung:

Oft eine kostengünstige Alternative. Abhängig allerdings von Standort und Größe.
Plakate finden insbesondere bei jüngeren Personen Beachtung.

Werbespots im Radio:

Sie werden nur durch das Ohr aufgenommen. Deshalb oft mit kurzer oder keiner Erinnerungswirkung. Hier ist Kürze und Prägnanz besonders wichtig.

Anzeigenwerbung in Vereinszeitschriften:

Wenig Werbewirksamkeit, eher eine Art Unterstützung, um Image und Ansehen zu verbessern und Engagement zu dokumentieren.

Sponsoring

Unternehmen sponsern Ereignisse aus Sport und Kultur. Durch Bereitstellung von Geld- und Sachmitteln werden Vereine oder Organisationen bei entsprechenden Veranstaltungen unterstützt. Das Unternehmen möchte aus der Publicity Vorteile erlangen. Redaktionelle Beiträge in den Medien erbringen Bekanntheit und Werbung für das Unternehmen, die sonst in dieser Art und Intensität nicht zu erreichen wären. Beide, der Sponsor und das gesponserte Medium, sollen von dieser Zusammenarbeit profitieren.

Das Unternehmen als Sponsor möchte
- **Bekanntheit, ein positives Image und Sympathie erlangen,**
- **sein Ansehen in der Gemeinschaft von Stadt und Region erhöhen und**
- **die gesellschaftliche Verantwortung für Vereine und/ oder Institutionen verdeutlichen.**

Das Unternehmen geht als Sponsor auch Risiken ein, nämlich
- **durch die Abhängigkeit von Veranstaltern, Wetter, Künstlern (die vielleicht kurzfristig absagen),**
- **den etwaigen Ärger mit anderen beteiligten Sponsoren – Interessenskonflikte,**
- **im Falle von Unfällen, Tragödien.**

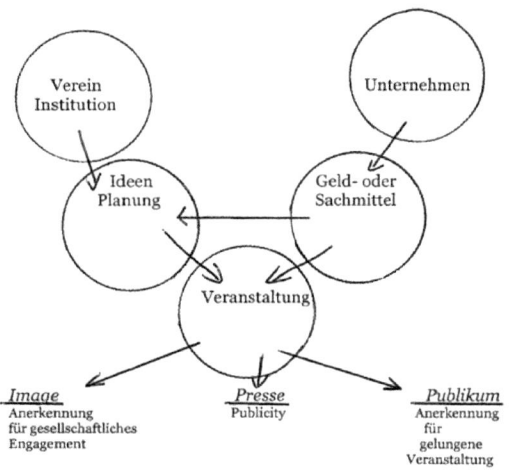

Informationsüberlastung

Sollte es trotz aller Bemühungen nicht oder nur selten gelingen, bei den Verbrauchern Kaufhandlungen auszulösen, könnte die Ursache eine Informationsüberlastung (overload) sein.

Der Mensch hat nur eine begrenzte Verarbeitungskapazität. Wenn diese überfordert wird, konzentriert sich der Mensch auf die ihm relevant erscheinenden Aspekte und ignoriert die anderen.

Es ist nahezu unmöglich, all die täglichen Informationsflüsse zu verarbeiten.

Informationsüberlastung führt zu Übermüdung und zum Rückzug durch Stress.

In der heutigen Zeit sind dies sicherlich Aspekte, die es mit einzuplanen gilt.

Die Kapazität, die zur Informationsaufnahme zur Verfügung steht, ist meist kleiner als die Menge der Informationen, die es ständig zu verarbeiten gilt.

Den Konsumenten müssen für ihre Kaufentscheidungen relativ einfache Informationsabläufe vermittelt werden. Kompliziertere verringern die Effizienz und den Gesamterfolg aller Werbebemühungen.

Weniger ist auch hier oft mehr.

Die Unternehmensführung

Unternehmen lernen an Schulen

Das Unternehmen-Lernen müsste bereits an den Schulen beginnen bzw. vorbereitet werden.

Dieses Thema ist angesichts der Pisa-Studie sicherlich paradox, ist doch unser Schulsystem schon mit den einfachsten Notwendigkeiten hoffnungslos überfordert.

Dinge und Taten zu verlangen, die weit darüber hinausgehen, traut man sich fast nicht, obwohl sie für die Zukunft dieses Landes sehr wichtig wären. Es kann doch eigentlich nicht angehen, dass einem solch dicht bevölkerten Land wie Deutschland die qualifizierten Mitarbeiter ausgehen. Aber auch hier haben jahrelange Ignoranz und Arroganz deutliche Spuren hinterlassen.

Wir alle haben während unserer Schulzeit keinerlei Vorbereitung auf ein späteres Unternehmerdasein erhalten. Das eigentlich Schlimme ist, dass sich daran bis zum heutigen Tag nichts geändert hat.

Auch hier ist Deutschland wieder mal trauriges Schlusslicht.

Dabei könnte mit etwas Engagement von Unternehmern, Lehrern, Schulen und Schülern hier viel erreicht werden. Und das sogar ohne großes finanzielles Engagement.

Unternehmen brauchen Schulabgänger, die wissen, wie ein Unternehmen aufgebaut ist und funktioniert. Interessen müssen geweckt und erweitert werden.

In den USA werden talentierte Jugendliche schon früh von späteren Arbeitgebern ausgewählt und während ihrer Schul- und Studiengänge laufend unterstützt, sei es mit finanziellen Mitteln, mit einem Praktikum oder allen sonstigen notwendigen Maßnahmen.

So entsteht ein früher Bezug zum Unternehmen und ein früher Bezug zum späteren Mitarbeiter. Beide profitieren davon und kennen sich schon, bevor es losgeht. Risiken werden minimiert und eine langfristige Zusammenarbeit wird wahrscheinlicher. Außerdem werden die Lehrer stärker in d e Pflicht genommen, weil Unternehmen auch die Schulen, z. B. finanziell, unterstützen. Lehrer sind austauschbarer.

- Die meisten Lehrer wissen nicht, wie ein Unternehmen funktioniert, und müssten auch in den Prozess des Unternehmen-Lernens einbezogen werden.
- Schulen müssten mehr auf die späteren Anforderungen der Schüler eingehen und dahingehend lehren. Schließlich ist Bildung die Grundvoraussetzung und das Kapital für eine erfolgreiche Wirtschaft.
- Gestandene Unternehmer sollten sich die Zeit nehmen, um an Schulen Unternehmen zu lehren.
- Ideen der Schüler sollten aufgenommen und verfolgt werden. Hierdurch soll Motivation entstehen. Der Ablauf soll Spaß machen, die Schüler sehen erste Erfolge oder woran sie gescheitert sind.
- Neue Ideen realisieren und ermöglichen, für die Produkte und Dienstleistungen von morgen.
- Wettbewerbe veranstalten, Unternehmen lernen.

Schüler von heute

Ideen sammeln

↓

Referenten einladen
Unternehmer, Profis in Marketing und Vertr eb

↓

Virtuelle Durchführung
Aufbau und Führung eines Unternehmens

↓

<u>Ziele erreichen</u>
Praktische Erfahrungen
Selbstständigkeit und Verantwortung übernehmen, Risiko ein-
schätzen
Motivation finden
Innovation und Kreativität fördern
↓

<u>Preise</u>
Lohn der Anstrengungen
Erfolgsgefühl, Anerkennung durch Preise und Zertifikate
↓

Unternehmer von morgen
↓

Kapital für Wirtschaft und Staat

Firmenimage

Es geht hier nicht nur um die Eigenschaften der Produkte oder Dienstleistungen, sondern auch um deren Verknüpfung mit dem Image des Unternehmens.

Das Image soll beim Kunden oder Interessenten positive Gefühle auslösen und ihn zu Ansichten bringen, von denen er sich ein »Bild« machen kann.

Ein positives Image aufzubauen ist nicht von heute auf morgen möglich. Hier wird kontinuierliches Arbeiten an und in vielen Teilen der Firma langfristig notwendig. Jedes Firmenmitglied steht hier in der Pflicht.

Nicht weniger einfach ist es, ein gutes Image zu erhalten und zu pflegen. Hier spielen einige **Komponenten** eine Rolle.
Der Kunde und seine Wünsche stehen im Vordergrund, auch über das Angebot hinaus. Es wird oft vergessen, dass der Kunde

seinen Kaufentscheid nicht nur an das Angebot und den Preis bindet.

Während Werbung mehr preisgetrieben ist, so benötigt ein Unternehmen für den Aufbau des eigenen guten Images nicht unbedingt einen großen Etat. Es sind hier mehr die innerbetrieblichen Möglichkeiten und Anstrengungen gefragt.

Positives Image – positiver Kaufentscheid.

3 Komponenten, von denen man normalerweise die Auswahl von Geschäften abhängig macht:
Werbung
Qualität, Optik, Symbole, Farben
↓

Ware
Auswahl bzw. Sortiment,
modisch oder konservativ, Preisgestaltung
↓

Kundenservice
Personal,
Selbstbedienung,
Finanzkauf
↓

Grundvoraussetzungen, um Geschäfte zu machen

Aber auch nachfolgende Komponenten gewinnen immer mehr an Wichtigkeit:
Bequemlichkeit
Lage, Parkplätze, Verkehrsanbindung
↓

Geschäftsatmosphäre
Wohlfühlen, Einrichtung,
Auf- und Einteilung, Beleuchtung,
Breite der Verkaufsgänge,

Gestaltung,
Toiletten, Cafeteria

↓

Firmenfaktoren
Ruf, Seriosität

↓

Kundenkreis
Verschiedene soziale Schichten

↓

Zufriedenheit nach dem Kauf
Umtauschpolitik, Warenzustand

↓

Möglichkeiten, bessere Geschäfte zu machen

Public Relations / Öffentlichkeitsarbeit

Großer Erfolgsfaktor im Wettbewerb

Unter Public Relations versteht am Kommunikationsmanagement. Sie soll den Prozess der Meinungsbildung gestalten, und zwar durch gezielten Einsatz aller Kommunikationsmittel **(Formen von PR)**.

Public Relations hat das Ziel, das Erscheinungsbild des Unternehmens als Ganzes zu verbessern. Kunden, Mitarbeiter, Geschäftspartner und die interessierte Öffentlichkeit werden mit dem Ziel angesprochen, Zustimmung für ein Unternehmen und dessen Handlungen zu erreichen.

Im Blickfeld liegen hier weitere Zielgruppen: Die Gemeinde/Stadt, in der das Unternehmen ansässig ist, der Staat, kirchliche Institutionen, Verbraucherverbände, Gewerkschaften, Medien, Aktionäre usw.
Public Relations schafft ein positives Klimafeld für Unternehmen und Produkte. Das verhilft zur gesellschaftlichen Akzeptanz und

trägt somit wesentlich zur langfristigen Erfolgs- und Existenzsicherung bei.

Es gilt, die Leistungen und Erfolge des Unternehmens offensiv darzustellen und zu verkaufen.

Eingesetzt werden alle kommunikativen Instrumente, die der Zielerreichung dienen.

Im Gegensatz zur Werbung, die schnelle Kaufhandlungen wecken soll, sollen bei der PR positive Einstellungen und Meinungen über das Unternehmen erreicht werden, wie etwa

- **Schaffung von Vertrauen und Akzeptanz**
- **Aufzeigen von Unternehmenserfolg und Innovationsstärke**
- **Dokumentation von Umweltfreundlichkeit**
- **Verdeutlichung des sozialen und gesellschaftlichen Engagements**
- **Erhaltung und Schaffung von Sympathie und Zustimmung**

Die angebotenen Produkte und Dienstleistungen werden immer ähnlicher.

Liegen in der Tat keine wesentlichen Qualitäts- oder Preisunterschiede vor, ist es z. B. mit den Mitteln der Werbung äußerst schwer, etwaige Unterschiede aufzuzeigen. Mit den Mitteln der PR kann es aber dann gelingen, ein Image zu schaffen, das in dieser Situation kaufentscheidend sein kann.

Für den Kunden zählt immer mehr, wer hinter den Produkten und Dienstleistungen steht.

Ein weiterer Aspekt ist die Zusammenarbeit mit der Presse. Ziel sind hier redaktionelle Beiträge über die Unternehmen, denn solche Veröffentlichungen verfügen über hohe Glaubwürdigkeit.

Voraussetzungen sind hier aber mittlerweile entsprechende Insertionen. Man darf sich also nicht wundern, wenn beim **Pressemeeting** mit der Wirtschaftsredaktion auch der Anzeigenleiter mit dabei ist. Es sind also finanzielle Mittel erforderlich, um überhaupt eine Publikation/Vorstellung des Unternehmens zu bekommen. Helfen können hier Geschäftspartner, z. B. Großhändler oder Hersteller, die ihrerseits Anzeigen schalten und auch vom redaktionellen Beitrag profitieren können.

Pressemeeting

<u>Vorgespräch</u>
Kurze Erklärung, worum es geht,
Terminvereinbarung mit der Wirtschaftsredaktion

<u>Erstellen einer Basis-Pressemappe</u>
Grundlagenmaterial für die Presse mit Daten, Fakten und Zahlen zum Unternehmen

<u>Pressemeeting</u>
Interview, Statement auch zu Themen wie Politik, Arbeitsmarkt und Wirtschaftslage

<u>Pressebericht</u>
Eventuell mit Fachbeiträgen und Interviews mit Unternehmensmitgliedern

<u>Abheben von der Konkurrenz</u>
Hohe Aufmerksamkeit beim Leser
↓

<u>Resonanz</u>
Von Lesern und Konkurrenten
↓

PR-Broschüre oder Werbung mit Auszügen des Presseberichts
↓
Beweis des Bekanntheitsgrades

Formen von PR

EXTERNE PR:
Hierzu zählen alle Maßnahmen, die sich auf die Märkte richten, in denen das Unternehmen tätig ist.
Diese Märkte umfassen Lieferanten, Kreditgeber, Gewerkschaften, Verbraucherschützer, Lobbyisten.
Im näheren Umfeld dieser Märkte müssen noch weitere mit eingeschlossen werden, wie Städte, Länder, Bund, Verwaltungen, Kirchen, Vereine, Randgruppen, Wissenschaft, Forschung und Studenten.

INTERNE PR:
Hier richten sich die Maßnahmen an die eigene Belegschaft, wie interne Kommunikation, Rundschreiben, Wahlen, runde Tische usw.
Aber auch die interessierte Öffentlichkeit soll durch interne Maßnahmen die Möglichkeit erhalten, etwas Einblick in das Unternehmen zu erhalten, und zwar mit Besichtigungen und Einladungen, Präsentationen, Fachveranstaltungen usw.

MULTIPLIKATOREN-PR:
Durch Anbahnung und Ausbau von Kontakten zu Journalisten, Prominenten und Politikern sollen hier dem Unternehmen langfristig positive Vorteile entstehen.

»Public Relations begins at home.«
Nur eine gute innerbetriebliche PR kann nach außen Meinungsmultiplikatoren darstellen.

Kundenorientierung

Kundenorientierung halten alle für notwendig und viele wollen sie auch realisieren.

Manche meinen auch, kundenorientiertes Handeln bereits zu praktizieren. Bei genauerem Hinsehen stellt man aber fest, dass es sich meist um äußerst kleine Bemühungen in diese Richtung handelt.

Ein bisschen Kundenorientierung funktioniert nicht. Wenn man sie einführen möchte und der Kunde wirklich davon profitieren soll, kann es nur ganz oder gar nicht heißen.

Durch Kundenorientierung soll beim Kunden Zufriedenheit, ja Begeisterung ausgelöst werden.

Der Kunde muss ins Zentrum aller Aktivitäten rücken!

Nur Unternehmen, die imstande sind, die Wünsche und Probleme ihrer aktuellen und potentiellen Kunden besser und schneller als die Mitbewerber zu verstehen, können auch in Zukunft bestehen.

Positive Erfahrungen werden das Kaufverhalten langfristig beeinflussen.

Der Blick, sich von der Konkurrenz abzuheben, sollte sich dabei auch nicht allein auf die internen Produkt- und Serviceangebote richten. Unternehmen haben die Möglichkeit, sich in jedem Punkt des Kundenkontaktes zu differenzieren.

Voraussetzung hierzu sind genaue Informationen über die **Kunden**, die man ansprechen möchte.

Kundendaten gewinnen

- **Wer sind die Kunden (Zielgruppe)?**
- **Was, wann, wie viel und vor allem warum sollen sie gerade hier kaufen?**

- Welche Produkte werden bei der Konkurrenz gekauft und warum wohl?
- Wer könnte neuer Kunde werden und wer nicht?
- Durch welche Werbe- und Verkaufsaktivität wird der entsprechende Interessent kennen gelernt?
- Wie wird ein Kunde gewonnen, warum geht er verloren?
- Warum sollte der Kunde künftig immer hier kaufen?

Je mehr ein Unternehmen über seine Kunden weiß, desto mehr können alle Aktivitäten und Maßnahmen auf ihn ausgerichtet und die Konkurrenz überflügelt werden.

Analyse und Einstufung bestehender Kunden

Top-Kundschaft
Bringt 70 % des Gesamtumsatzes, Mehrfachkäufer, gute Bonität und Zahlungsmoral, gutes persönliches Verhältnis.
Die ganze Kundenorientierung hierauf ausrichten.
Wenn sie hier passt, dann passt sie auch für alle anderen Kunden.

Kunden aufwerten
Kundschaft hat wachsenden Bedarf oder verfügt über gutes Potential und ist finanzstark.
- **Soll besserer Kunde werden, nach Möglichkeit Aufstieg zum Top-Kunden.**

Kunden halten bzw. einfrieren
Kunden kaufen unregelmäßig, unterschiedliche Mengen.
- **Schwer einzuordnen, Kunden halten und abwarten.**

Kunden abwerten
Kaufen trotz aller Bemühungen immer weniger, haben schlechte Zahlungsmoral (Mahnkosten), stecken in finanziellen Schwierigkeiten, zu hohe Werbekosten im Vergleich zum Umsatz.
– **Aufwand lohnt nicht, Minusgeschäft, Kunden gezwungenermaßen ziehen lassen.**

Wenn möglich, müssen alle Kunden gehalten oder aufgewertet werden. Jedoch nicht um jeden Preis.

Kreativität

Wenn in Unternehmen kreativer gedacht werden würde und alle Erfahrungen, die mit den Kunden gemacht werden, besser umgesetzt würden, dann ergäben sich Chancen, die bisher nicht für denkbar gehalten wurden.

Wettbewerbsvorteile durch Differenzierung!

Voraussetzung hierfür sind aber entsprechend motivierte Mitarbeiter. Die besten und kreativsten Werbe- und Marketingmaßnahmen bringen nichts, wenn der Kunde, der ihretwegen kommt, dann unfreundlich empfangen oder inkompetent beraten wird.

Für die Unternehmen gilt:
Begreift endlich, dass der Kunde kaufen soll, was er auch wirklich kaufen will. Er möchte keine Kompromisse eingehen oder auf andere Produkte umgebogen werden, die eben gerade im Sortiment sind.
Sonst geht er woanders hin, kauft dort und kommt vielleicht nie mehr zurück.

Einen verlorenen Kunden durch einen neuen zu ersetzen, kostet sehr viel Zeit und Geld.

Kundendienst

Der Kundendienst kann maßgeblich darüber entscheiden, ob aus einem Kunden ein Dauerkunde wird oder nicht. Ein gut funktionierender Kundendienst schafft bei der Kundschaft ein Klima des Vertrauens und gibt ihr das Gefühl, auch nach der Kaufhandlung noch willkommen zu sein. Dies stellt die Voraussetzung für Wiederholungskäufe dar.

Es wird in 3 Kundendienstphasen unterschieden:

Vorverkaufsphase
Beratung, Ausarbeitung, Problemlösungen, Proben usw.

Verkaufsphase
Lieferservice, Hotline-Beratung, Finanzierungen, Montage usw.

Nachverkaufsphase
Umtausch, Wartung, Ersatzteilversorgung, Nachfrage der Zufriedenheit usw.

Die Neukundengewinnung ist teuer und aufwändig. Umso mehr müssen die bestehenden Kunden unbedingt gehalten werden. Sie sollen nach Möglichkeit sogar aufgewertet werden, d. h. sie sollen in der Zukunft noch mehr im Unternehmen kaufen.

Ein Kunde, der nicht wiederkommt, ist auf lange Zeit verloren, vielleicht sogar für immer. Und wenn dann das Unternehmen nicht einmal den Grund kennt, warum der Kunde nicht wiederkommt, ist das ein schlimmer Zustand. Es wird nichts verändert und weitere Kunden springen ab.

Innovation im Mittelstand

Innovation hat für viele Mittelständler einen zu geringen Stellenwert.
Laut einer Umfrage verfolgen nur 42 % der kleinen und mittleren Betriebe aktiv Innovationen.

Oft sitzt der Firmengründer selbst an der Spitze des Unternehmens und ist für Innovationen wenig aufgeschlossen. Produktverliebtheit, mangelnde Marktkenntnis und Weitsicht sind hierfür die Hauptursachen. Der von vielen genannte zu hohe finanzielle Aufwand könnte durch Kooperationen und Netzwerke minimalisiert werden. Aber:
Die Angst, anderen etwas über seine eigene Firma mitteilen zu müssen, überwuchert den Vorteil, dann ja selbst auch etwas über die anderen Unternehmen erfahren zu können. Man werkelt lieber alleine vor sich hin.

Schwachstelle Vertrieb

Aber auch noch so innovative Produkte und Ideen reichen allein nicht aus, wenn der Vertrieb nicht entsprechend funktioniert.
Das Unternehmen muss sie auch auf den Markt bringen. Und hier scheitern viele Mittelständler.
Einer Studie zufolge floppen 50 % aller Innovationen an mangelnder Marktkenntnis und fehlender Kundenorientierung.
Viele denken, dass ein gutes Produkt eine Art Selbstläufer ist. Warum soll dann dafür Werbung betrieben werden?
Auch der Mittelstand muss massiv in Werbung und immer mehr auch in PR gehen. Sicher ist das teuer. Aber von nichts kommt nichts.

Personalmanagement

Die Mitarbeiter sind ein wichtiges Kapital und das Aushängeschild eines jeden Unternehmens.

Dass es hier, wie überall, wo es Menschen miteinander zu tun haben, oft Probleme und Meinungsverschiedenheiten gibt, ist normal und muss akzeptiert werden.
Hier kann man aber durch verschiedene Wege Wogen glätten, Missverständnissen vorbeugen und curch die Motivation der Mitarbeiter eine Zufriedenheit schaffen, die das tägliche Miteinander im Betrieb in eine fruchtbare Zusammenarbeit verwandeln kann. Jeder braucht jeden. Das muss verdeutlicht werden.

Die Mitarbeiter sollen zu kreativen Persönlichkeiten heranwachsen. Erzwungen empfundene Mitarbeit soll in freiwillige, engagierte Mitarbeit umgewandelt werden. Sie müssen begreifen, dass sie sich immer in den Dienst des Kunden zu stellen haben. Denn nur wenn dieser zufrieden ist und wiederkommt, geht es dem Unternehmen gut und nur dann sind die Arbeitsplätze sicher.

Einzelne Themen werden nachfolgend behandelt.

Ein für das Unternehmen fruchtbares Miteinander – gefordert sind Arbeitgeber und Arbeitnehmer.

Mitarbeiterqualität

Eine in der heutigen Zeit große Problemstellung belastet fast alle Unternehmen.
Die Qualität der Mitarbeiter, ihre verfügbare Quantität und ihre Ausbildung.

- Viele Unternehmen suchen, trotz hoher Arbeitslosigkeit, gute weil fachkundige Mitarbeiter. Sie würden sie fördern, aufbauen und bieten sogar interessante Aufstiegschancen. Trotzdem gelingt es ihnen nicht, entsprechende Mitarbeiter zu finden.
- Viele Unternehmen verfügen über hervorragende Mitarbeiter, versäumen es aber, diese zu fördern und wertzuschätzen.

Beiden Arten von Unternehmen kann es so nicht gut gehen. Potential, das verfügbar wäre, liegt brach. Beide könnten besser sein, als sie es sind. Die einen können nicht, die anderen wollen anscheinend nicht.

Was sind die Gründe?

Werden die **Bedürfnisse** der Mitarbeiter nicht befriedigt?

Ist der **Führungsstil** zu autoritär?

Was wird innerhalb des Unternehmens für die Mitarbeiter getan – **Human Relations**?

Bedürfnisse

Mitarbeiter haben Bedürfnisse, die das Engagement und die Arbeitsleistung sehr stark beeinflussen können:

Persönliche Bedürfnisse
Familie, Nahrung, Freizeit, Ruhe, Wohnung
↓

Bedürfnisse der Sicherheit
Arbeitsplatz, Finanzen, Gesundheit, Schutz vor Kriminalität
↓

<u>Soziale Bedürfnisse</u>
Liebe, Freundschaften, Kontakte
↓

<u>Anerkennungsbedürfnisse</u>
Anerkennung durch andere,
Zufriedenheit durch Lob,
Selbstvertrauen, Selbstständigkeit
↓

<u>Entfaltung der Persönlichkeit</u>

Führungsstil

Vorgesetzte sollten unterstützend und nicht autoritär agieren. Respekt durch die Mitarbeiter wird ihnen richt wegen eines autoritären Führungsstils entgegengebracht, sondern durch Vorbildfunktion und Menschlichkeit.

Vorgesetzte sollten
- **sich dafür interessieren, was Mitarbeiter denken und empfinden;**
- **Mitarbeiter dazu ermuntern, an Entscheidungen mitzuwirken und zu widersprechen, wenn sie anderer Meinung sind;**
- **dabei helfen, die Probleme der Mitarbeiter zu lösen und sie bestärken, neue Fertigkeiten und neues Wissen zu erwerben;**
- **sich immer Zeit nehmen zur inneren Kommunikation;**
- **wissen, dass jeder von jedem abhängig ist;**
- **Lob und Kritik in gleichem Maße verteilen.**

Vorgesetzte müssen den Umgang mit ihren Mitarbeitern in ständigen psychologischen Schulungen den laufenden Veränderungen im Geschäfts- und Privatleben anpassen.
Sonst lassen sich Unternehmensziele nicht verwirklichen.

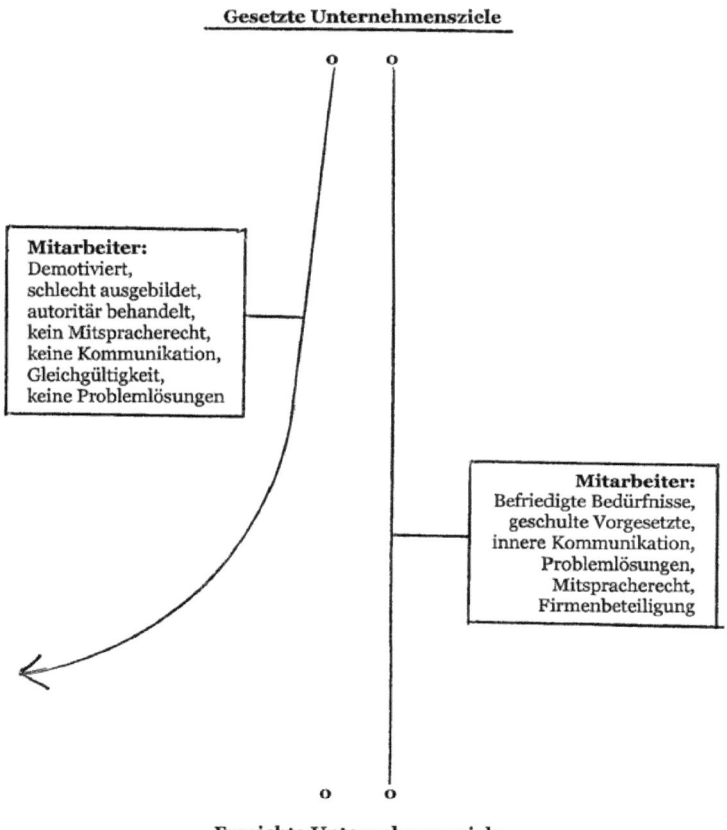

Gesetzte Unternehmensziele

o   o

Mitarbeiter:
Demotiviert,
schlecht ausgebildet,
autoritär behandelt,
kein Mitspracherecht,
keine Kommunikation,
Gleichgültigkeit,
keine Problemlösungen

Mitarbeiter:
Befriedigte Bedürfnisse,
geschulte Vorgesetzte,
innere Kommunikation,
Problemlösungen,
Mitspracherecht,
Firmenbeteiligung

o   o

Erreichte Unternehmensziele

Beispiele:
In einem Maschinenbau-Unternehmen soll eine neue Maschine angeschafft werden.
Oft geschieht dies, ohne denjenigen mit einzubeziehen, der täglich damit arbeitet.
Die Folge: Demotivation des Mitarbeiters, dadurch höhere Fehlerquote, weniger Ausstoß, häufigerer Krankenstand und unrentable finanzielle Investition seitens des Unternehmens. Der Mitarbeiter fühlt sich übergangen.

Putzfrauen in verschiedenen amerikanischen Hotels erhalten für ihre jeweilig zugeordnete Etage Selbstverantwortung, d. h. sie können sie in Eigenregie leiten und bekommen einen bestimmten Geldetat zur Selbstverwaltung zugeteilt z. B. für Putzmittel, Kleidung usw.

Der Vorteil: Engagement des Mitarbeiters, Zufriedenheit durch Miteinbeziehung, sauberere Arbeit, weniger Krankenstand. Von der Arbeitgeberseite aus gesehen sprechen weniger Führungsebenen, weniger Missverständnisse und weniger Personalwechsel dafür.

Zufriedene Mitarbeiter
Zufriedene Arbeitgeber
Unternehmenserfolg
Zufriedene Kunden
<u>Langfristig profitieren alle.</u>

Human Relations

Ebenso wichtig für einen reibungslosen und erfolgreichen Unternehmensablauf sind die Human Relations. Man versteht darunter die innere Öffentlichkeitsarbeit. Die Pflege der menschlichen Beziehungen und des Betriebsklimas.

Hierzu werden einige betriebsinterne Kommunikationsmittel eingesetzt, wie z. B. eine Werkzeitung, Anschläge, Betriebsausflüge usw.

Leider sehen viele Arbeitgeber hier keinen Handlungsbedarf mehr. Zu hektisch und zu voll gepackt ist das tägliche Treiben im Betrieb.

Schwedische Unternehmen bieten ihren Angestellten teilweise sogar Hallenbäder oder Fitnessräume an.

Jeder kann, wann immer er es für notwendig hält, diese Angebote während der Arbeitszeit nutzen, er muss nur auf die vorgegebenen Gesamtstunden kommen. Wie ist egal. Auch hier werden somit Fehler am Arbeitsplatz minimiert, die sehr viel Geld und/oder

Kundschaft kosten können. Lässt die Konzentration nach oder wird es im Augenblick einfach zu viel, haben die Mitarbeiter die Möglichkeit, abzuschalten und neue Kräfte zu sammeln.

Jeder Mensch verfügt über enorme Potentiale, sie sollen zur Entfaltung kommen, um effektivere Arbeit zu mobilisieren. Sie müssen erkannt, geweckt und an der richtigen Stelle verwendet werden. Jeder Mensch muss auf die Position, die seinen Fähigkeiten entspricht. Das kann auch manchmal im Gegensatz zu seiner eigentlichen Ausbildung stehen.

In vielen Betrieben wären Reformen der Organisationsstrukturen dringend erforderlich.

Informationsflüsse sollten verbessert werden, sie dürfen nicht nur von oben nach unten laufen.

So genannte Kummerkästen gehören in jeden Betrieb. Kritik und Anregungen für Verbesserungen durch die Mitarbeiter zahlen sich für das Unternehmen aus, denn sie sind umsonst, meist begründet und von Leuten, die wissen, wovon sie reden. Keine Unternehmensberatung wird je solche Dinge herausfinden.

Es muss Diskretion gewährleistet sein und der Chef muss die Briefe auch wirklich erhalten und sich dafür interessieren.

Vertrauen statt Furcht schaffen.
Jeden Mitarbeiter auf die richtige Position setzen.

Anmerkungen

Noch ein paar Worte zu den **Banken**

Es gibt keinen Konkurs, keine Übernahme und keine Geschäftsaufgabe, bei denen nicht eine Bank die Finger mit im Spiel gehabt hätte.

Dem kleinen Unternehmer dreht man den Geldhahn zu, weil es doch bequemer ist, mit größeren Kunden zusammenzuarbeiten, vielleicht hat man ja sein Einfamilienhaus als Sicherheit.

Mittelgroße Unternehmen zwingt man durch die Ablehnung weiterer notwendiger Kredite zur Fusion. Hier haben natürlich die Banken selbst schon einen potentiellen Käufer in der Hinterhand. Kassiert wird dann gleich mehrmals. Es fallen Provisionen für Käufer und Verkäufer an, Strafzinsen durch frühzeitige Kreditrückführung und Provisionen durch die Neuvergabe von Krediten.

Bei Großunternehmen ist immer mehr zu beobachten, dass sich Banker in die Aufsichtsräte »einkaufen«. Was hier im ersten Moment als logisch und vielleicht auch als sinnvoll erscheinen mag, wird dann in der Realität bald wiederlegt.
Banker sind keine Unternehmer und man kann davon ausgehen, dass hier nicht im Sinne des Unternehmens, sondern im Sinne der Bank weitere Entscheidungen getroffen werden.

Es wird an den falschen Stellen gespart, notwendige Investitionen werden verhindert. Meist geht dann später alles geballt den Bach runter. Der Banker kehrt in seine Bank zurück und er glaubt noch, alles Mögliche getan zu haben, um dies zu verhindern. Er wird nie dahinter kommen, was wirklich notwendig gewesen wäre, um das Unternehmen wieder in die Erfolgsspur zurückzubringen.

Umsatzeinbußen im Einzelhandel seit Euro-Einführung

Das ist sehr schlimm, lieber Einzelhandel. Aber wir Konsumenten haben fast kein Mitleid.

Wer andere so schamlos abzocken will, muss sich nicht wundern, wenn er dabei am Ende Schiffbruch erleidet.

Wer dermaßen die Preise erhöht, muss damit rechnen!

Mit einer Anpassung (Aufrundung) nach der vorgenommenen Umrechnung in Euro haben wohl viele gerechnet.

Aber mit einer derartigen Preiskalkulation mit Erhöhungen bis 40 % und mehr konnte niemand rechnen.

Manchmal hat man sogar den Eindruck, dass die Preisschilder nur von Mark auf Euro umgestellt wurden, ohne den Betrag überhaupt zu ändern.

Wollte der Einzelhandel die schnelle Mark, Verzeihung, den schnellen Euro machen? Sollte die anfänglich sicherlich vorhandene Unsicherheit des Kunden im Umgang mit der neuen Währung schamlos ausgenutzt werden? Natürlich, an Zufall oder Versehen kann hier wohl nicht geglaubt werden. Nicht in diesem Ausmaß. Es war doch klar, dass der Konsument irgendwann dahinter kommt. Kann jemand wirklich so kurzfristig denken? Wer will einen 20 km breiten See durchschwimmen, wenn er weiß, dass ihm nach 2 km die Luft ausgeht? Und: Was interessant zu erfahren wäre, wie haben die sich alle abgesprochen? Wer ist jetzt der Dumme? Händler oder Kunde?

Einer rosigen Zukunft sehen die Einzelhändler in den bundesdeutschen Innenstädten sowieso nicht entgegen.

Dafür sorgen Verschmutzung, Pöbeleien, Kriminalität und schlechte Anfahrtswege mit noch schlechteren Parkplatzmöglichkeiten.

Die Euro-Umstellung wäre sogar eher eine Möglichkeit gewesen, die Kunden zu halten oder zurückzugewinnen. Aber ihr habt es gründlich vermasselt. Gratulation!

Anstatt sich Gedanken darüber zu machen, wie die künftige Ertragslage langfristig verbessert werden kann, denken manche lieber darüber nach, wie der Kunde kurzfristig auszunehmen ist.

Wirtschaftswachstum

Mittlerweile völlig normal sind die alljährlichen, völlig überhöhten Wachstumsprognosen der deutschen Regierungen.

Hier werden Wachstumszahlen genannt, d e am Ende sowieso nie erreicht werden.
Es wäre interessant zu wissen, ob die Machthaber wirklich an diese Zahlen glauben oder nicht.

Viel wahrscheinlicher ist, dass diese Zahlen absichtlich höher angesetzt werden, um die Steuereinnahmen zu schönen. Anhand der Wachstumszahlen werden die Ausgaben der kommenden Jahre veranschlagt. Je höher sie sind, umso mehr Geld kann der Staat ausgeben.
Und wenn dieses Wirtschaftswachstum dann, welch Wunder, nicht erreicht wird, ist wieder mal ein großes Loch in der Haushaltskasse.
Es wird Geld ausgegeben und verplant, das noch nicht einmal eingenommen wurde.
Der Staat als gutes Vorbild. Wenn Arbeitnehmer und Arbeitgeber so etwas auch tun würden …

Auslandsniederlassungen
– Der langsame Abschied deutscher Unternehmen –
Immer mehr Unternehmen verabschieden s ch aus Deutschland.
Vor allem Großkonzerne haben den Abschied auf Raten längst

eingeläutet. Die Stützpfeiler der deutschen Wirtschaft gehen verloren.

Supermarktketten investieren in Osteuropa, Technologieunternehmen in den USA und in Asien.

Warum?

Baugrundstücke werden kostenlos überlassen.

Neue Straßen und sonstige Anbindungen werden gebaut.

Unternehmen bekommen Steuererlasse, zusätzlich zu den sowieso niedrigeren Steuersätzen, und werden teilweise sogar noch subventioniert.

Viele Länder und deren Städte und Gemeinden setzen hiermit auf Langfristigkeit und Dauerhaftigkeit.
Es entsteht eine immer größere Infrastruktur mit steigenden Steuereinnahmen.

Nur wenn man den Unternehmen Voraussetzungen schafft, die es erlauben zu expandieren, schaffen sie es, dauerhaft erfolgreich zu sein.

Vorab-Investitionen fließen zigfach zurück; alles, was dazu notwendig war – ein bisschen Geduld und Vertrauen.

Höhere Lebensqualität entsteht, während sie in Deutschland immer mehr sinkt. Sogar in einigen Ländern Osteuropas hat sich hier viel getan.

In Deutschland hingegen wird systematisch am Ausbluten inländischer Unternehmen gearbeitet. In vielen Städten und Gemeinden werden den Unternehmen nicht einmal mehr Stundungen oder Teilzahlungen auf ihre Steuerschulden zugestanden.

Der Staat braucht sofort Geld, sogar eventuelle Konkurse werden in Kauf genommen. Der Staat schikaniert, schreibt vor, kassiert und bietet im Gegenzug – nichts.

Unternehmen werden vernichtet, die schon bald expandiert hätten und ein Vielfaches der Steuern bezahlt hätten, die der damaligen Steuerschuld entsprochen haben. Unternehmen, in denen vielleicht viele Arbeitsplätze entstanden wären, wird schon im Anfangsstadium der Garaus gemacht. Die Folge: Keine Steuereinnahmen des Unternehmens.

Keine Steuereinnahmen und keine Kassenbeiträge der Mitarbeiter, sondern im Gegenteil noch höhere Staatsausgaben in Form von Arbeitslosengeld und Sozialhilfe.

Das Ausland erhält lachend Steuergelder deutscher Unternehmen, ohne etwas dafür tun zu müssen, und der deutsche Fiskus geht (fast) leer aus.

Schlusswort

Deutsche Mentalität

Die Mentalität der Deutschen. Immer schon ein Anlass langer Diskussionen.

Wehleidigkeit und Zukunftsängste statt Aufbruchstimmung. Auf Nummer Sicher gehen statt Mut zum Risiko.

Lähmende Unsicherheit überall, zögerliche Abläufe als Hemmschwelle unserer Wirtschaft.

Versteckspiele hinter der Absicherung unseres Sozialstaates. Sucht nach garantiertem Wohlstand, Suche nach risikolosen Existenzen.

Die Utopie von totaler Sicherheit wird scheitern. Vielleicht eher eine Chance als ein Unglück.

Wie gesagt, viele Gründe langer, langer Diskussionen.

Deutschland, du träger Elefant – erhebe dich, wenn auch nur langsam – aber erhebe dich.